JN424958

이젠 뒤돌아 보고 쉬어갈 때다

이수종 시집

문운당

차 례

첫•번•째•이•야•기

잠깐 걸음을 멈추고

두•번•째•이•야•기

과거는 아름다운 추억

세•번•째•이•야•기

사람 사람들

첫•번•째•이•야•기

잠깐 걸음을 멈추고

차와 낭만

한겨울
칼바람 부는 오후 한 때

책방 골목
찻집 창가에 앉아

파문이 사라진 찻잔 속 수면처럼
눈을 감은 채 미동조차 없다

시름을 훌훌 털고
굴곡진 지난 세월을 반추해보는 여유
느긋한 미소가 온 얼굴에 번진다

담장에도 봄이

이른 봄날
돌 담벼락 틈새

작은 산새 한가로이
볕을 쬔다

창문 여는 소리에
후다닥 날아가버린다

산새의 봄맞이도
앙증스런 몸짓도
금세 눈앞에서 사라져버렸다

등대가 있는 포구

포구에서 가까운
등대로 가는 방조제

지난 태풍에
작은 상처를 입었다

가을을 재촉하는 비가 내리더니
바람이 구름을 밀어내고
하늘이 열리면서
잿빛 바다가
쪽빛으로 물든다

하늘과 바다가 맞닿은 곳에
크고 작은 배들이
그림처럼 얹혀 있다

해무가 짙게 끼기라도 하면
배들은 사라지고

바다와 하늘은 하얀 화폭이 된다

수영만

다리를 건너면
넓게 펼쳐졌던 모래톱
그 너머에서
포말을 일으키며 밀려오던 파도

빽빽이 들어선 고층건물
바다를 가로지르는 복층대교가
시야를 가린다

꼬리를 물고 달리던 차들이
정지신호에 멈추어 섰다

잠깐 고개를 돌리니
돌고래가 뛰고
인어가 난다

보금자리를 튼 두 노거수
보란 듯이 노익장을……

바다와 강이 만나는 곳
봄이 오는 길목이기도 하다

오월의 숲

알 듯 모를 듯 풍기는
아카시아 꽃향기

들릴 듯 말 듯 스치는
연인들의 웃음소리

가위 바위 보
누가 먼저 앞서가나 내기를 한다

무제

파아란 하늘
솜털 같은 구름이 조화를 부린다

토끼가 고양이로 바뀌더니
호랑이로 변했다가
소가 된다

구름 사이로 쏟아지는 햇살이 눈부시다

애읍哀泣

운명이라기엔 너무나 가혹한 시련
떠나보내야만 했다

슬픔을 주체할 수 없어
오열했던 그때

지워지지 않는 지난 세월의 잔영들
아무리 시간이 약이라지만……

회갑잔치

누렇게 바랜 한 장의 흑백 사진
한복에 갓을 쓴
의관을 갖춘 근엄한 표정의 노인장

불과 오륙십년 전
오래 산 것 같지만
고작 예순하나
당시로는 천수를 누린 나이란다

한 주갑을 경하하는 잔치이긴 해도
언제 부름을 받고 떠날지 모를 목숨인데

생의 끝자락에서
막상 어떤 생각을 했을까

늘어난 수명

얼마 전만 해도 환갑나이까지 살면
장수한 거라고 했는데

어느 때 부턴가
일흔을 넘어서더니

여든에 이어
아흔은 말할 것도 없고

머지않아
백 살까지도

갯바위에 핀 꽃

갯가 널찍한 바위
바람이 잦아들고
파도가 수그러들긴 해도
물방울이 튀고
바닷물이 밀고 들어와 찰랑거린다
곧 물속에 잠길 텐데
자리를 잡고 앉은 갈매기들
날개를 접은 채 떠날 줄을 모른다
마치 바위에 핀 목련꽃 같다

세월 참 빠르다

소나기 온 뒤
도랑에 물 흐르듯

후딱 지나가는 날들
야속키도 하다

세월아! 잰 걸음으로 가지 말고
좀 쉬었다 가렴

늦가을

산들바람이 분다

노랗고 빨갛게 물든 단풍잎
밤송이 터지는 소리
갈대의 군무는 시작되고
국화는 한껏 자태를 뽐내는데

가을인가 했더니
벌써 저만치 가고 있네

봄을 기다림

가을바람이
남은 나뭇잎을 털어내더니

산속의 겨울은
길기도하다

탐스럽게 핀 눈꽃송이
사각거리는 소리

하얀 세상 속을 걸으면서
흐트러진 마음도 잡고
무료함도 달래본다

눈꽃이 지고
맨살 드러낸 가지에 움이 틀 때면
그가 다시 온다고 했다

봄이 더 기다려진다

아기의 웃음

까꿍!
아기가 방긋 웃는다

눈을 맞추는데도
얼굴 하나 안탄다

"고놈 밉상이제"
"너거 할매 떡장수냐?"

뭔 말인지도 모르는 아기가 웃자
어르던 사람들도 까르르

천진난만한 아기 웃음
그건 행복 바이러스

미련

퍼붓던 소나기도
추녀 끝 빗물 떨어지던 소리도 잠시

구름 걷혀진 파아란 하늘
너무 아름다워서
슬프다고 했다

스치듯 지나가는 시간이 아쉬웠을까
글썽이던 모습이 눈에 선하다

세월은 흘러도 추억은 남아
밀려드는 그리움에 가슴은 미어지고……

편지가 아니라서 아쉽기는 해도

한해가 저문다
못 다한 말들을 담은
문자메시지
카카오 톡
시도 때도 없이 울리는 벨소리
그래도 반갑기만 하다
이마저도 없다면야

한강 둔치에서

이름도 곱다
새빛둥둥섬
탑돌이를 하듯 섬을 돈다

느릿느릿 걷던 젊은 연인들
두리번거리더니
느닷없는 포옹에 입맞춤까지
달라진 풍속에 어안이 벙벙해진다

문을 열고 들어서자
후각을 자극하는
카페테리아의 커피 향
어디를 가나 셀프서비스다
세상은 나날이 변하는데
따라잡지 못하는 굼뜬 아둔함이

땅거미가 지고
어둠이 깔린다

불 밝힌 남산 서울타워
강변 빌딩숲에서 쏟아내는 화려한 불빛
다리위엔 전조등이 줄을 잇고

도도히 흐르는 강물
멈추지 않는 시간
밤은 점점 깊어만 간다

소래포구

밑 빠진 독처럼
물이 빠져나간 바다
속살을 드러낸 개펄 위에
배 한척이 비스듬히 누워있다

뱃사람 보이지 않는 갯가
썰렁하기만 하다
방치한 협궤잔해가 눈에 거슬린다

이름만 듣던 소래포
발을 들여놓자마자
옛 자갈치가 생각난다
호객꾼의 고함소리도 귀에 설지 않다
삐뚤삐뚤하게 "국내산"이라고 갈겨쓴 팻말
일부러 그렇게 써놓았는지도

발길을 돌리려는데
갈 길 바쁜 길손의 발을 잡는다

우짜노 그냥 가기엔
소주 한잔 걸치는 꽃게탕
그 맛이 그저 그만이라는데

바람개비

바람이 멎은
길가 작은 화단

누군가가 꽂아 놓은
종이 바람개비

이제저제
바람 불어오길 기다리는데
기별조차 없다

잔뜩 찌푸린 하늘
비마저 오면

사투리 여행

낙동강을 사이에 두고
"했다 하데" 가
"했다 카데" 로

먼 길을 달려온 기차가
숨이 차 헐떡이며 넘던 산인고개
남강이 가까워지면서
"했다 쿠데" 에서
슬그머니 "했뻿다 카데" 로 바뀐다

섬진강을 건너고 나면
"했땅 께로" 다
"했 뿌럿써" 가 기다리고 있다

같은 말인데도
높은 재를 넘거나
큰 강을 건너면
달라지는 게 흥미롭기도 하다

산행 중에 만난 절집

봉오리가 꽃잎을 반쯤 싸고 있긴 해도
봄기운이 완연하다

산새소리와
계곡에 흐르는 물소리가
이른 아침의 정적을 깬다.

좁은 산길이 두 갈래로 갈라진 곳에
앞을 가로 막아선 암자
언뜻 보아도 오래된 절집 같다

예불시간인데도
한산하기만 하다

무슨 까닭인지
신도들의 발길이 뜸해지자
하나 둘 떠났다는 절집사람들

출가 후 이곳에서만 머물고 있는 노승과
어린 행자가 암자를 지킨다

두•번•째•이•야•기

과거는 아름다운 추억

옛 송정역

더위가 기승을 부리던 날
발 디딜 틈 없이 꽉 찬 객실

잠깐 정차한 사이
막 쏟아지듯 밀려 나온다

작열하던 태양이 장산을 넘을 때쯤
개찰구는 이미 장사진

가까스로 차에 오르기는 해도
대부분 서서가곤 했다

철로는 끊겼어도
기적을 울리며
철마가 곧 달려올 것만 같다

그때 여긴
바다를 찾아 나선 사람들로

시골장터처럼 북적대기도 했는데……

달랑 안내원 한사람이 텅 빈 역을 지킨다

바닷가의 추억

그가 그리울 때면
작은 포구를 끼고 있는
그곳으로 간다

비바람이라도 치는 날이면
인적마저 뜸해
한산하기만 하던 바닷가

떠밀려온 해초더미가
파도를 기다리듯
모래톱에 버려진 배는
옛 주인을 그리워하는지도 모른다

시간 가는 것도 잊은 채
갯내 젖은 해변을 따라
말없이 걷기도 했다

그가 그리울 때면

그곳으로 간다

옛 모습이 아니었네

심한 가뭄으로
드러난 유수지 바닥이
하늘과 맞닿았다

군데군데 허물어지고
논두렁은 내려앉고

진흙으로 덮인 채
바싹 말라버린 전답들
거북 등처럼 쩍쩍 갈라졌다

물이 채워지기 이전의 모습들이
파노라마처럼 스쳐 지나간다

호수가 다시 차면
빛도 그림자도 모두 잠기리라

추억에 대한 시린 아쉬움

이젠 홀가분히 내려놓을 때다

센텀시티

묵혀둔 맨땅에 들어선
벡스코 영화관 백화점 아파트
하늘을 찌를 듯이 높기도 하다

즐비하게 늘어선 상가
식당 편의점 찻집 베이커리
밀려드는 손님들로 북새통이다

강을 가로지르는 다리에 이어
늘어난 도로
말 그대로 사통오달

한때는 비행장이었던 여기가
이렇게도 달라질 줄이야

제트보트가 물살을 가르며
신나게 달린다

도시가 된 작은 동네

얼마 전만 해도
작은 촌락이던 이곳
수많은 사람들이 모여 산다

장유화상*에서 유래된 지명
동서남북 사방의 끝은
내덕 상점 수가 냉정이다

불모산에서 시작되는 무계천과 율하천이
조만강과 합수하여
낙동강 지류를 따라 바다로 간다

퍼붓다시피 쏟아진 폭우에
붕괴된 하천과 매몰된 전답
살을 에던 매섭던 바람
강은 꽁꽁 얼어붙고
짚신 신고 도강하던 우공의 느린 걸음
하늘을 붉게 물들이던 저녁노을

아직도 눈에 선하다

몰라보게 달라져
길도 낯설고 사람도 낯설다
오만가지가 다 낯설다
그때 그 고향이 보고파진다

이제껏 몰랐던 것 사랑으로 다가온다

장유화상; 가락국 허 황후의 동생 허보옥

외양포

가덕도 남단
작은 갯마을이 보이는
꼬불꼬불 비탈진 고개 마루
아름드리 노송이 터억 버티고 서있다

포대진지였던 나지막한 구릉
일제가 남긴 역사의 현장
司令部發祥之地라고 음각된 낡은 비석에서
그들의 야욕을 짐작케 한다

왜병들이 머물었던
외벽에 함석이 덧대어진 퇴락한 막사 건물
도르래를 매달았던 우물도 보인다

강압에 의해 쫓겨나
지척에 두고도 갈 수 없었던
통한의 세월 서른여섯 해

해방과 함께
시간이 멈추어버린 과거
개발과 보존이라는 해묵은 갈등이……

산을 오르자
앞 바다가 한 눈에 들어오고
신 항을 오가는 대형 컨테이너선이
마치 떠다니는 작은 섬 같다

두타연頭陀淵

최전방이라곤
믿기지 않는
여기가 비무장지대 DMZ란다

여느 곳과 다름없이 평온하기만 하다

아직도 끝나지 않은 전쟁
아물려고 하는 상처
덧나지나 않았으면

나뭇잎 하나가
징검다리에 걸려 맴 돌다
물살에 밀려
떠내려간다

소沼는 그대론데
절집은 온데간데없고
이름만 남았네

소풍가던 날

기다리던 소풍날
이밥에 계란말이 멸치볶음
그건 어머니의 정성이 담긴 별식

큰 개울을 건너고
들판을 가로질러
고개 마루에 올라서자
한눈에 들어오던 포구마을

말로만 듣던
처음 본 바다

거대한 저수지 아래
경탄을 자아내던
활짝 핀 벚꽃 수백그루

봄 햇살 비켜간 산길 십 여리
갈 길은 멀고

배는 출출하고
걷다 뛰다 걷다 뛰다 반복하기를
빈 도시락 딸그락거리던 소리

기나긴 세월에도
잊히지 않는 추억 한 토막

시간여행

눈을 크게 뜨고 보면
아니 보이던 것이
지그시 감으면
그 옛날 냇가 팽나무가 어슴푸레 보인다

손바닥으로 귀를 가리니
들릴 것만 같은 매미 울던 소리

땡볕도 피해 가던 짙은 그늘
악동들 오르내리느라
코 묻은 소매처럼 빤질거리기도 하고

좋은 날 잡아 치성할 때
고목에 걸어놓은
빨강 노랑 하양 헝겊 띠

인적마저 드문
부슬비 내리는 밤

귀신이라도 나올까봐
뺑 둘러 다니기도 했다

그래도 거긴 내 고향 이웃이었네

동천은 진행형

구정물과 오물이 썩으면서 나던 역한 냄새
팥죽 끓듯 뽀글거리던 여길
우린 대놓고
똥천이라 불렀다

꼭두새벽부터
무리지어 건너던
방직공장 고무공장 여공들

물렀거라!
기적을 울리던 증기기관차

한 몫을 하긴 했던
썩은 나무다리와 철로

미역도 감고
낚시도 했다던 곳인데
아직도 덜 정화된 채 고여 있다

아~ 언제쯤 다시 볼 수 있을까나
떠나버린 태공들을

그때 그 시절의 아침인사

머언 옛날도 아닌
두 끼도 어려웠던 보릿고개 시절
아침에 만나기라도하면
딱히 할 말이 없어
한다는 게 고작
"아침 잡쉈습니꺼"
"어디 가십니꺼"
그래도 그건 정이 오가던 인사
그런 인사마저 들어본 지 한참 오래다

머슴살이(설움)

우직한 그가
꼴머슴을 면한 것도 아니고
그 나이가 되도록
장가 못 간 것도 서러운데
죽도록 일만 했다
천대받고 사는 걸 당연한 것으로 알고

천둥치고
장대비가 퍼붓던
하필이면 그런 날에

욕심 많은 영감태기를 업고
행여 헛디딜까
마음 졸이며 건넜던
물이 불어난 개울

세월을 이기는 장사 없다더니
간헐적으로 그르렁거리는

등에 붙은 기침소리

서운했던 생각은 사라지고
불현듯 연민의 정이……

머슴살이(체념)

화창한 봄날
일마치고 돌아가던 고개 마루
동네를 한참 내려다보더니
오늘따라 하는 짓이 예사롭지 않다

두 다리를 쭈욱 뻗고
털썩 퍼질러 앉아
눈물도 말라버린
쏟아낸 신세타령

잠시 마음을 추스른 뒤
지겟다리를 두드리며
처억 한 곡조를 뺀다
누가 들어도 구성진 육자배기
그걸 어디서 배웠을까

씨익 웃고 일어서는 것이
외려 보는 사람의 눈시울을 뜨겁게 한다

그러나 어쩌랴
타고난 팔자인데……

사투리 땜에

단체기합
무지막지한 고참병
한참 지껄이고 난 뒤에
뭐가 켕겼는지

불쑥 한다는 소리가
"아니꼽나"
갓 전입한 보리문댕이 자슥
얼떨결에
"예 안 앵꼽는데요"
"그래 아니꼽다 이거지"
"예 그러심더"

오르내리는 몽둥이춤에
엉덩이는 찜질하듯 화끈화끈
취침시간 늦어진 건 말할 것도 없고

아무리 생각해도 풀리지 않는 의문

누가 누구를 탓하랴

세•번•째•이•야•기

사람 사람들

매축지 사람들

부산을 불산으로 부를 만큼 잦던 큰 불
부산역이 그랬고
국제시장도 그랬다
이곳 역시……

어이없는 실화로
삽시간에 모든 것이 잿더미로 변했다

삶의 터를 잃어버린 사람들
넋을 놓고 있을 수만은 없어
그을린 땅에
천막을 치고
거적을 깔았다

일부는 구걸하러 나서기도 했다는데
배고픔만큼 서러운 게 또 있을까
겪어보지 않고는 모른다

끊어지지 않은 애옥살이의 고리
재개발도 비켜간
도시 속의 사각지대

넋두리에 이어지는 푸념
지난 세월의 아픔이 고스란히 배어있다

찌푸린 하늘
금방 소나기라도 쏟아질 것 같다

막차

곤 올 것만 같아
아까부터 기다린 버스정류장

비가 그친 맑게 갠 하늘
해가 지기엔 아직 이르긴 하다

그새 버스 몇 대가 지나갔다
이젠 막차만 남았는데……

포푸라마치

기차역 주변
독버섯처럼 피어나
잡초처럼 번진 인간시장
갈데없는 그들이었기에
무턱대고 이곳으로 흘러들었다

겨우 속옷만 걸친 반라
짙은 화장에도
드러난 애 티
이름도 나이도 과거도
묻지 말라던 그들
놀다 가세요
잘해 줄게요
그건 허공에다 대고 부르짖는
처절한 절규다

동네는 원래 모습을 되찾고
그들은 짐을 싸고 떠났다

어디로 갔는지 아무도 모른다

출근길

아침 출근시간
스쿠터를 타고 달리는
아담한 체구의 여인

눈에 익은 뒤태
해를 안고
바람을 가른다

마치 전깃줄에 앉았다
날렵하게 날던
한 마리의 제비 같다

시어머니 전성시대

그리 멀지 않은 옛날
며느리를 달달 볶아대던
어느 집 시애미
자기는 어쨌는데
큰북을 이고
온 동네를 돌아 놓고선
알사람 다 안다
무슨 염치로 훈계한다는 건지

체면 구긴 남자

매일 타서 쓰는 용돈
백수라면 또 모를까
직장도 있고
훤칠한 허우대에
남 보기엔 멀쩡한 남자
어물전 망신 꼴뚜기가 시킨다더니
심지어는 매 맞기도 한다는 데
어쩌다가

호루라기를 부는 할머니

등교시간
학교 앞 횡단보도

바쁘게 걷는 보행자들 틈에 끼어
한 손을 들고 따라가는 겁먹은 아이들
어깨에 맨 가방이 심하게 요동친다

막무가내로 밀고 들어와 뒤엉킨 차들
마구 울려대는 클랙슨 소리

노인네가 호루라기를 분다
깃발까지도 들었다
외려 보호받을 나이인데

아침 날씨가 제법 쌀쌀하다

묵언수행

산도 얼고
개울도 얼어붙은
깊은 산속 작은 암자

밤새 내린 눈
누군가가 쓸고 있다

목례도 하지 않는
무표정한 얼굴
입을 꾹 다문 채
건듯 대하는 것이
추운 날씨처럼 냉랭하다

지금 묵언수행중이라나
퍼뜩 떠오르는 천수경 첫 구절
"정구업진언 수리수리……"

눈을 치우고 있긴 해도

경문을 염송하고 있는지도 모른다

두 남자

더위가 물러난
강변 산책로
담홍 백색의 구절초가
잡풀과 어우러져
사이좋게 피어있다

황혼의 두 남자
빈 잔을 채워가며
주거니 받거니

해가 저문다
벌겋게 타던 노을
재가 되어
어둠속으로 흩어진다

가는 세월이 아쉬워서일까
밑도 끝도 없이 주절대는
코맹맹이 소리

이야기 끈을 붙들고
놓을 줄을 모른다

객기

들 만큼 든 나이
하얗게 샌 머리털
줄어든 키
구부정한 등
오그라든 어깨
눈까풀 처진 실눈
구겨진 휴지처럼 얼굴은 쭈글쭈글
귀는 어둡고
배는 볼록
가늘어진 다리
걸음걸이도 오지잖다
그래도 깡다구는 남아
그래서 그런지는 몰라도
목소리 하나만은 아직도 쩌렁쩌렁하다

어느 어촌 아낙네

보릿고개라고 부르던
어려웠던 시절

어딘들 안 그랬을까마는
이곳도 매한가지

갓 시집온 새댁더러
못사는 친정에 기대느니
차라리 물질이나 하랬단다
그 말이 한평생 운명을 가를 줄을

거친 풍랑에
지아비마저 잃고
가난보다 더한
냉대와 수모를 받았던 서러웠던 세월

바다만 보고 살아온 수십 년
그게 엊그제 같다는데

먼 곳을 바라보던 그의 얼굴에
순간 스쳐 지나가는 세월의 아픔이……

상봉

참화는 피했지만
비켜간 세월
어언 예순다섯 해

보고 싶었던 얼굴
언젠가는 만날 거라는
희망 하나로 버틴 나날
살아 있어 고맙다는 말 한마디
심금을 울린다

기억을 더듬어
또박또박 옛 노래를 부르고
또 불러보고
초점 잃은 노인의 눈에
어느새 이슬이 맺힌다

놓치고 싶지 않는 순간들
긴 기다림

짧은 만남
기약 없는 이별
또다시 가슴에 피멍이

속는 사람에겐 다 이유가 있다

공짜라는 함정
덤을 듬뿍 얹혀 주겠다는 감언이설
옛 수법까지도 나오는데

끝 모르는 욕심이 화근이 되어
그들의 사술詐術에
알고도 속고 모르고도 속고

호랑이에 물려가도

느닷없이 걸려온 수상한 전화
다짜고짜 겁주기도 하고
그럴듯한 말로 꼬드겨
현금인출기 앞으로 불러낸다

진화하는 속임수
속수무책일까
알고 보면 조급함과 무지의 소치

친구

기승을 부리던
꽃샘추위가 물러나고
가로수가 연녹색을 띤
마트 앞 정류장 부스

종종 만나는
옥이 순이 자야
머리는 희끗희끗
등은 약간 휘고
나잇살도 붙은
시골에서 같이 자란
소꿉친구들

오늘따라 유별나다
수다 떠는 재미에 폭 빠져
시간 가는 것도 잊고

여느 때 같음

벌써 자리를 떴을 텐데……

이젠 뒤돌아보고 쉬어갈 때다

초판인쇄 | 2016년 5월 30일
초판발행 | 2016년 6월 1일

저 자 | 이수종
발 행 인 | 이성범
발 행 처 | 문운당
주 소 | 서울시 종로구 혜화로5길 16 (명륜1가 45-3)
전 화 | (02)762-6010
팩 스 | 영업 (02)745-0265 / 편집 (02)762-8758
이 메 일 | 영업 munun2@chol.com
편집 mumundang@naver.com
홈페이지 | http://munundang.co.kr

ISBN 979-11-5692-233-9 03810

정가 8,000원